붉은 먼 곳을 두고 온 뒤
아픈 꽃마다 너였다

이승범

1956년 목포에서 태어났으며 열두 살 때 젊은 어머니를 여의고 폐허와 상실의 시간을 건너게 됐다. 조선대학교 대학원을 졸업했으며 『사람의문학』으로 작품 활동을 시작했다. 시집으로 『사랑을 나누며』가 있고 전 문성고등학교장, 한국작가회의 회원, 신세계 아카데미 수채화반 회원이다. 백악문학상을 수상했다.

e-mail｜sblee20@hanmail.net

붉은 먼 곳을 두고 온 뒤
아픈 꽃마다 너였다

초판1쇄 찍은 날 ｜ 2021년 8월 2일
초판1쇄 펴낸 날 ｜ 2021년 8월 16일

지은이 ｜ 이승범
펴낸이 ｜ 송광룡
펴낸곳 ｜ 문학들
등록 ｜ 2005년 8월 24일 제2005 1−2호
주소 ｜ 61489 광주광역시 동구 천변우로 487(학동) 2층
전화 ｜ 062-651-6968
팩스 ｜ 062-651-9690
전자우편 ｜ munhakdle@hanmail.net
블로그 ｜ blog.naver.com/munhakdlesimmian

ⓒ 이승범 2021
ISBN 979−11−91277−18−0 03810

붉은 먼 곳을 두고 온 뒤
아픈 꽃마다 너였다

이승범 시집

문학들

과거는 사라지고 없는데 새로운 것이 오지 않는 상황을 위기라 한다.

오랫동안 허우룩한 위기 속에 있었다.

세상은 어디서는 빠르거나 혹은 더디다.

사는 게 부끄러운데 오래 살아도 부끄러움에는 면역이 생기지 않는다.

빈손으로도 부끄러움을 감쌀 수 있으면 좋겠다.

다만 상실이나 절망은 폐허보다 더 무섭고 질기다.

버릴 수 없는 익숙한 상실을 내 피로 삭히며

더 낡아 가기 전에 그 상처나 그리움을 간절함으로 건넌다.

사랑하는 로즈와 내 피붙이들과 그리고 깊고 낮은 눈빛들,

살아갈수록 사랑하고

그래서 세상,

더 사랑한다.

2021년 8월

이승범

차례

제2부

제4부

제1부

장미 後

붉은 먼 곳을 두고 온 뒤
아픈 꽃마다 너였다.

혼자 한 사랑

나 어릴 적
아카시아 잎 따서
사랑한다 안 한다 사랑한다 안 한다
꽃점을 치며
가슴 아렸는데

지금도
먼 그대 가까이 가는
걸음걸음마다
사랑한다 안 한다 사랑한다 안 한다
홀짝점을 치며
아,
영혼까지 시립니다.

11월, 은행나무

어쩌면 내일
장자는
다 내려놓고 떠날지도 모른다.
어쩌면
듬성듬성
이승의 길
굽은 길마다
제 잎으로 길을 덮고
그 길을 잃을지도 모른다.
다시 돌아올 길을
찾지 않기 위해
온 세상을 덮을지도 모른다.
모든 길은 하나면 된다.
그래
그리움도
사는 것도
하나면 된다.

그리운 먼 꽃

탄광 이름이 무엇인지 잘 기억나지 않지만
비포장의 겨울
화순 어느 폐광에 간 적이 있어.

오래 걸어
아무도 없고 길도 없는 곳을
무릎으로 헤치며 올라간 숲속,
짐승 같은 폐광의 둔덕에서
잎 하나 없이 외줄기 끝에 피어 있던
노란 꽃.
다년생 같지는 않고
계절 끝에 몸 꺾고 흙으로 내려갈
그 꽃.

나는 그때 무엇인가로 견디기 힘들었는데
몇 년의 시간이 지난 지금
그 고통의 이유는 생각나지 않고
다만 그 꽃의 작은 흔들림만 생각나.

찾아갈 수 있다면 찾아가서
이제는 꽃 없는 자리에
다시 앉아 보고 싶어지기도 하는.

그 꽃 있던 자리가 그립기도 하지만
사실은
그때 그 고통을 이고 그곳까지 올라가던
그 시절의 나 역시
그립기 때문.

이마의 땀을 닦고 앉아
내게 가득 차 있는 슬픔을 외면하지 않고
하나하나 호명해 주고 발음해 보며
그 아픈 시절을 견디던
빛바랬으나
단단한 나를.

배병우를 읽던 밤

- 굴곡 죽음으로 가는 무심한 먼 길.
       길은 어디에 있는 것일까.
       허술한 생의 켜마다
       굽은 길은 모든 힘이었으나
       얼뜨고 떫은 몸으로 뒤틀린 사랑법 하나.
       눈물보다 더 많은
       당신이라는
       낮고 깊게 도지는 슬픔.

- 비밀 물속에 잠긴 그림자를 건져 내
       캄캄한 몸을 만나 내 안을 들여다보는
       아름다운 비밀.
       들키지 않게 서러운
       스스로 아무는 무채색의 황홀.

       빈자리를 빈자리로 채우는
       저 봉합 없는 그늘 속에서
       불경처럼 당신을 읽고 싶었어.

내리는 빗방울이 내리는 빗방울을 부르고
묵은 소나무가 묵은 소나무를 부르는
간절한 묵언을 듣고 싶었어.

아찔한 심연을 건너
당신의 수묵 속에서
먹물처럼 번지는
참,
이렇게 아픈 길이었다니.

– 길   몸 밖으로 나간 몸의 우울을 걷어 내고
섬세하게 쓸쓸쓸쓸한
소라 같은 귀를 갖는 일.
음 시월 보름,
산철 벗어 동안거로 떠나는
흰 고무신의 따뜻한 묵언 몇 점이
길 뒤로 남은 길을 내주었어.

돌

돌멩이는 땅속만 향해 뜨는 눈이 있습니다.
소리 내지 않고 우는 그믐 같은 눈이 있습니다.

밖으로는 단단하고 태연해도
저 암반 밑을 적시는
통곡의 눈물을 가졌습니다.

가만히 돌멩이를 들추면
거기 눈물 가득한 눈마다
깊은 섬 하나씩 피어납니다.

당신의 영혼은 안녕하십니까

1.
금남로 오월에 꽃씨처럼 비 내린다.
달콤한 살해
친절한 혁명 속에서
자랑스런 공수부대였던
하사 김달수,
화려한 외출로 돌아오지 못한 채
잡풀에 묻혀 외출 중이다.

쉿!
내 아덜도 오일팔 때 죽어써라우
근디도 입도 뻥긋 못한 채 암말 못 하고
이십육 년을 이러코름 보대끼며 살지라우.

달수 엄니 잡풀이 되어 여전히 시들고 있다.

2.
내, 내 왕자는 고, 공수부대

느, 늠름한 오, 오빠

오, 워카발로 나, 나를 더 밟아 줘

그, 그래 그 모, 몽둥이가 좋겠어

내, 내 허리를 그걸로 더 두드려 줘

나, 나는 당신을 사랑해

어, 얼마나 용감하고

어, 얼마나 늠름한지

내가 포, 폭도였을 때

나를 밟아 준 오, 오빠

다, 당신은 내 와, 왕자

사람이 죽으면 정이 맺혔던 곳이
가장 먼저 썩는대.
죽으면 썩을 삭신,
후미진 나주 정신 병원에도
여전히 꽃비 내린다.

3.
아무것도나누지못하고
아무것도심지못했어.
빈손에서
억새같은하얀강물이흘렀어.

존재하는것은행복하다고?

당신의영혼이안녕한지
살아남아흐르는것들이
날마다물어주었어.

매일 김용균이 있었다

시가 될 수 없는 시를 쓴다.

김○○ (53, 떨어짐)
이○○ (28, 깔림)
혹은 끼임 뒤집힘
누구나 반복이 일상이지만
깔리고 떨어지는 걸로 일상이 되기도 하였다.
거푸집 동바리에
비계발판으로 구멍철판을 잇고
뜨거운 단추를 꿰고 벽돌을 등에 진 채
꿈의 사다리를 올라가야 한다.
구멍 사이로 보이는 둥그런 세상은
이만하면 괜찮다고
정신승리를 말하지만
상처의 재료가 넘치는
배고픈 자본주의였다.
아무도 더 빨리 가라고
더 잘하라고 등 떠밀지 않았다고

후련하게 외면하여
날마다 푸른 기계들은
죽어서야 비로소 온기의 사람이 되는 거였다.
게임은 한 판 깨면 끝나지만
삶은 깨도 깨도 끝나지 않았다.
아픈 관절마다 파스를 붙이면
밤 내 파스는 통증을 따라 옮겨 앉고
옮긴 자리마다 검은 선이 남아
검은 때가 만든 선을 따라 가면
통증이 환한 천상의 선들이 경계를 치고 있었다.
쓸쓸함이 깊으면 그렇게 슬픔이 되는 것을
천상으로 가는 그 거친 노동도
개천에서 빚어 올린
피의 일이었다.
누가 이 피를 닦아 줄 것인가
그리고 다시
매일 김용균이 있었다.

앵남역에서

우리는 몇 번이나 해가 지는 것을 보게 될까
우리는 몇 번이나 꽃이 피는 것을 보게 될까
서쪽으로 기우는 일몰의 그대.
달개비 푸른 꽃잎에
작은 파도가 일어
꽃잎마다 빚어지는 안개의 섬.
기차는 섬의 허리를 감고 떠나고
그리움은 무형의 그림자만 걸리는 그물
작별은 그믐 같은 썰물의 무늬.

일몰이 될 때까지
기차의 긴 그림자가
어둠으로 걸어가는 걸 보면서
뜨거운 몸을 뒤척이는
철길이 되어 누우면
문신보다 더 아픈
기적 소릴 내곤 했다.

상처나 꽃이
기운 자리에서 다시 피어나듯,
어둠 속에서도 그 자리에
앵두꽃 같은
그대가 돋길 빌며.

비틀, 오래된 성냥 공장을 지나다

겨울 깊어
그믐으로 가는 젖은 어젯밤
비틀,
칠 벗겨진 대문
오래된 비사표 성냥 공장 앞을 지나왔습니다.

성냥 공장 안은
지상에서 가장 낮은 어둠들이
은별 같은 눈송이를 뭉쳐
단단하게
붉은 꽃씨를 몽글리고 있었습니다.

사랑은
캄캄한 그믐에서 피어나
안타까이 비틀거리는 어지럼증.
타는 불꽃을 붙잡아
뜨겁게 적멸하는 서러운 힘인 것을.

팔각의 성냥 통 속에는
어둠에게 내어 줄
순결한 탯줄을 감고
온몸이 어둠인
당신에게 가는 길마다
목젖처럼 몸이 달아도
단단해지자
단단해지자
한 생애 독한 현기증을 위해.
눈 쌓인 그믐
쿨럭,
당신 그리운 기침 하나 떨구면
차마
감춘 사랑은 더 뜨거워
부려 놓은 걸음마다
오래오래 지켜 온
단단한 불의 잠이
함박눈처럼 따뜻하게 밀려왔습니다.

봉선동 내가 아는 그 집에는

넝쿨 장미가 대문 밖까지 덮고
꽃잎이라도 지는 때에는
장미가 피운 불 때문에
차마 그 집 앞을 지나갈 수가 없습니다.

봉선동 내가 아는 그 집에는
봉선동에서 가장 많은 새 떼들이 살고 있는데
새들의 눈썹이 어찌나 깊던지
그 집 앞 지날 때에는
한낮에도 감감하여 길을 잃습니다.

어느 날인가는
안에 사는 그 집 사람이 궁금하여
문틈으로 들여다보았는데
고래만 한 배를 가진 젊은 여인이
허리춤에 손을 얹고
해를 줍고 있었습니다.

그 여인의 뱃속에는
해를 삼킨 고래가 살고 있을까.

그러나 알고 보면
내가 아는 봉선동 그 집에는,
젊은 여인의 뱃속에는
꽃잎을 주워 먹고 꽃을 낳는
따뜻한 햇살만이 삽니다.

세룰리안 블루

오래된 것에는 귀신이 산다.
오래된 빗자루가
마당 귀퉁이에서
귀신으로 파랗게 돌아오는 데
걸리는 시간은 한 생이다.

닳고 닳은
손때에서 시간들이
윤을 빚어낸다.

피카소의 마지막 물감 주문서는
권총 자살한 핏빛이었다.
신들의 피부색은 파랗다.
푸른빛이
영혼에 닿는다는 믿음을 경전으로 한다.

이미 죽은 몸을
입체로 그려 내려면

두 개의 각이 있어야 하고
그 각 사이로 빛이
새어 들어와야
완전한 귀신을 완성할 수가 있다.

그제야 비로소
꿈틀
숨이 들어찬다.

시간이 영혼이다.

예감 작별

눈 내리는 날은 내세를 믿지 않는다.
치명적인 현재를 해부하는 일만 남는다.
매일 먹는 오늘 사과는 스펀지 같다.
사과나 스펀지는 현재다.
족욕을 하고 올라온 체온으로
현재의 슬픔을 잰다.
가라앉으면 안 되는 것들만 가라앉는다.

죽음보다 더 멀리 갈 수 있다면
그곳에 씨를 뿌릴 일이다.
씨앗의 심장은
현재나 중력보다 더 세지만
심장 한 구석은 늘 그늘에 있다.
그늘도 틈이 있다.
채우고 메우는 것보다
틈이 있어야 단단하다.
함부로 변명하지 말 일이다.
그늘은 더 진한 그늘만이 안다.

출구가 입구라는 사실까지 안다.
내리는 눈은 본질도 해석도 아니다.
소리가 없는 것은 눈물만이 아니다.

이미 녹아 버린 작별 뒤
그때는 틈이 많은 사람으로 만나자.
그때는 사랑이 많은 사람이 되어 만나자.
그대의 그리움만 벗어나면 된다.
그것으로 이승은 과분하다.

녹슨 풍로를 그리다

신세계 문화센터 수채화반
녹슨 풍로를 그린다.

산화된 철의 몸에서
간절한 그리움을 낚는 일.

한때 사윈 불씨에게
뜨거운 숨을 부어
선홍빛 세상을
꿈꾸던 영혼.
낡고 망가진
오래된 빈 몸에서
아직도 꿈틀대는
불의 욕정.

투둑,
투둑,
제 살점을 서서히 무너뜨리며

산화될수록 더욱 뜨거워지던 몸.

나는 녹슨 풍로 앞에서
자꾸 뜨거운 불꽃만 그리고 있다.

간절한 것은 저렇게
뉘엿뉘엿
닳아 가는 것이리라.

밤에 사랑초를 심었다

밤에 사랑초를 심었어.
한 번도 사랑초를 본 적도 없고
사랑초를 알지도 못하지만
내 마음속엔
밤에 사랑초를 심었다
라고 시작하는 글이 있어.

심장을 열십자로 파고
가는 뿌리를 몽근 흙으로 덮고
꽃잎 모양으로 가만가만 밟아
거친 숨이 올라오는 꿈.

참 이상하고
이유도 알 수 없는 일이어서
한낮에는 사랑초를 찾으려고 했지만
자꾸만 가던 길을 돌아가야 했어.

그런 날 꿈엔

또 어김없이
밤에 사랑초를 심었어.
끊어질 듯한 간절한 숨을 몰아
심장의 가장 어두운 곳에
사랑초를 심곤 했어.

꿈속으로만 놓인 안타까운 그 길.

사랑초를 심어 놓고
사랑이 왜
먹먹한 영혼에서 피는지를 알 것 같았어.

이파리 속으로 들어간 무성한 나비 떼가
가만 날개를 흔들어
흔들림까지 적멸로 피어 내는 걸 보면
사랑이 왜
침묵 속에서만 깊어지는지 알 것 같았어.
내게서 가장 먼 곳에

그대를 두었을 때
내 안에서 깊어지던
단단한 눈물.

한 번도 본 적이 없는
사랑초를 심으면
한밤에도
그대에게 가는 먼 길이 보였어.

제2부

아들

눈매가 영락없이 지 에미 탁했당께.
흰 종이 꽃상여 뒤에서
나는 애써 영정사진처럼
한쪽 눈을 찡그렸다.
아카시아 향 그윽한 열두 살 봄이었고
칠순이 다 되도록
여전히 한쪽 눈을 찡그리곤 한다.

목포로 가는 이정표

이정표는 누에고치다.
목포로 가는 길을 길어 올리는
초록의 뽕잎이다.

목포로 닿는 모든 길을 풀어
엉킨 꿈을 기르고,
멈출 수 없는
생애의 흰 바다를
4㎞마다
점점 가까이 불러내는
누에의 혈관은
푸른 영산강이다.

그 강의 뿌리가 하나로 뻗어
목포는 자꾸 지나가고
지나간 모든 삶이 낯설다.

누에섶에서

푸른 눈의 누에가
먼 목포를 토하는데
내 꿈은 아직 길 위에서 서성거린다.

2월

세상은 마디마디를 사는 것이라며
닳은 무릎 관절이 뚝뚝 꺾인 채
떨켜까지 오르던
어머니는
금세 숨이 차서
야윈 발목으로
자꾸 손이 가곤 했어.

생리혈이 그치던 날
모든 물관마다
남루한 꽃 그림자가 길을 막아서고
신생의 아이들이
아득히 손을 흔들면
비린내마저 가신 자궁이
그믐처럼 어둡기 시작했어.

허나
낮은 바람이 켜는 어둠,

그 어둠 속에서도

아름다운 생산이 그친

폐경의 마디마다

떨어져 나간 물의 씨앗들이

다시 펴는

푸르고 선연한 관을 타고

잔인한 봄 하나를 기억하는 것이었어.

흉터

삼십 년 지난 무안초등학교 운동장
오래된 팽나무 그늘 속에는
넘어져 깨진 무릎 생채기
흙먼지 향과 함께 서 있습니다.
가늘고 몽글몽글한 흙을 부으면
팽나무 몸 같은 뒤틀린 흉터가 자라
흉터 같은 사내가 되었습니다.

팽나무 푸른 잎들이
그늘의 힘을 키우고
문득 흉터가 간지러웠습니다.
흉터마다 튼실한 근육이 자라
푸른 주먹을 쥐고 돌아오는 길
그때의 고만한 아이가
푸르뎅뎅한 사내의 팔에
팽나무 열매처럼 매달려 있었습니다.

바느질

톡톡 호롱 꼭지를 들었다 놓기도 하고
길어진 심지를 자르기도 하며
어두운 호롱불 아래서
어머니는 바느질이 한창이다.

명년을 생각해야 한다면서
두 치수나 큰 설빔을 사와
지금 바지 길이를 접고
돌아올 시간을 접고 있는 중이다.

나는 접어 올린 바지 끝이
거슬리지만
어머니는 지나간 어둠을
머리카락 새에 문지르면서
다가올 시간을 깁는다.

샘

영암지서 관사 양철 지붕 아래
검은 동굴 같은 샘 하나 있습니다.
어쩌다 찔레꽃 잎 하나 떨어뜨리면
잔잔한 물무늬가 꽃 속보다 깊고
검은 하늘 찰랑거리며
흰 별로 뜹니다.

내 안에 그대가 꽃잎으로 내려
잔잔한 무늬 하나 그을 때까지
참 맑은 샘물로
가슴 흐리지 않고 기다리겠습니다.

감꽃

감꽃 속에는
그대의 귀가 숨어 있다
그대를 부르는 작은 귀가 숨어 있다
웅크리고 앉아
세상의 환한 꿈을 듣는다.

감꽃처럼
웅크리고 귀 기울이면
그대 꿈을 들을 수 있을까

씨방에서 나간 흰 감꽃이
꿈을 부르듯
내 몸의 빛깔이
그대를 부를 수 있을까.

치매

아버지는 오래된 생을 물어도 그 순간에 머물렀다.
지금 순간을 물어도
지금을 알 수 없었다.
모든 것이
문장 너머로 확산되었지만
빈 바다였다.
알 만한 사람들이
낯선 얼굴로 한쪽으로 쓸려 갔다.
사는 것이 그렇게 파문처럼
퍼져 나가는 방식이라는 걸 이제야 알았다.
아무렇게나 함부로 살지 않아서
아직은 하찮은 게 아니었지만
기억만으로 세상이 살아지는 게 아니라서
쭈그려 앉아 골똘하기도 하고
여전히 조급하게
새벽마다 길을 나서기도 하였다.
모든 것은 역할을 할 임계점에 머문다.
그리고는 잊힌 기억들을 지펴 내어

다시 걷고 싶었을 터이다.

너, 호두나무에게

네가 울었다.
입을 틀어막은 손등에
침묵을 우겨 넣으면
단단해지기도 하는 걸까.
세상을 푸른 그늘로 번지게 하고 싶었다.
다만
그것이 눈물이어선 안 되는 일이었다.

기억을 걸으면
거기
상처를 도려낸 푸른 열매들이 뒹굴곤 했다.
다시 시작할 수 있을까.
단단해지는 것은 그런 것일까.
서늘한 등을 바라보며
확실하게 지나간 것들에 기대어
물렁물렁한 먹밤의 어둠을 더듬기 시작했다.
그 주름진 뿌리를 열기 위해
순한 초록을 오래 걸어 두었다.

아름답고 푸른 비밀,
안으로 안으로
멀고도 아픈 길
뒤돌아보지 않고도
비틀거렸던
어리석은 자국들이 보이고
한 슬픔이 응결하여
더 서러운 슬픔이 되는 거였지만
울컥
호두나무,
너만 처음부터
단단한 본질이었고
이미 나였다.

꽃무릇, 그대 먼 길

꽃길로 꽃 지고
꽃무릇 내린 길로 꽃무릇만 내립니다.
그대 번져 오는 잎도 없는 이승 길은
흙탕물에 번지는 샘물처럼
기습적이고 집요한 길입니다.

살 속에 박힌 우울한 울음마저
서로가 서로에게 슬어서
얼뜨고 거친 결핍을 만지작거리지만
그대와 나의 안타까운 거리는
눈물보다 더 깊습니다.

어제는 너무 먼 바깥까지 온 것 같아
검은 장독 같은 먹먹함에
어느 슬픔에서든 명치를 내려놓은 채
조금씩
기우는 것들과 결을 맞추어
그 위태로운 경사에 위로 받고 싶었습니다.

음 구월,
그대와 그대 사이 어둠 속에 서 있으면
저승길 다녀온 새 떼들처럼
저승 내가 나기도 하여
살아서 이승의 경계가 지워지기도 하고,
꿈속에서는
혈관이 하얗게 타는 사랑이면서도
깊고 외로운 시선만 피어나곤 하였습니다.

더 많은 구석을 가지고
더 많은 그늘을 가진 채,
묵언의 뿌리까지 닿은 사무친 속앓이로
아릿한 그리움의 허기를 다독이면
젖은 소리도 어두워지던
내 유년의 우물 속
몰래 숨겨 둔 비켜선 운명 하나,
울음 같은 꽃술에 휘어지고

더러 사랑이

다디달 때도 있어서

이승에서 만나지 못한

접지 면이 작은 뜨거운 입술마다

꽃무릇,

그대 손을 펴면

돌아올 따뜻한 시간이

깊은 단잠처럼 내려앉기도 하였습니다.

한가위

지난 장에 조기도 몇 마리 사 놨고
주먹만 한 사과 몇 개도 사 놨다.
걱정 말고
바쁘면 안 와도 괜찮다.

조기도 사과도 사 두지 않은
먼 고향집 들어서자
어머니는
신발도 신지 않고
대문 밖까지 뛰어나왔습니다.

영화처럼

아빠, 저것 좀 보세요.
죽은 사람의 머리 위에
흰 도넛 같은 둥근 띠가 있어요.
우리들의 머리 위에도
이쁜 빛의 둥근 띠가 있어서
그 빛끼리 서로서로 사랑한다면
무지개도 낳고
꽃이나 강도 낳아
아름답고 동그란 세상 이루겠지요.

둘째 아들 녀석이 영화를 보다
영화같이 동그란 얘길 합니다.

씨감자

씨감자는 썩어서 생쌀 같은 흰 꽃으로 피고
흙빛으로 내려와 밥이 됩니다.

캄캄하고 오래된 썩은 몸을 들추면
그믐보다 더 진한 흙 빛깔 남아
생감자 알알한 그리움이 되고
눈물같이 하얀 밥이 됩니다.

당신의 자궁보다
더 깊은 곳에 내려
가만히 흙빛으로 썩고 싶습니다.

대원사 길

살아서도
그늘로 가는 길에는
반은 초록이고
나머지는 영혼인
산안개가
얼음처럼 쩍쩍 달라붙었습니다.

노랑 어리연꽃의 물 뿌리가
뿜어 올리는
산안개의 흰 머리칼에는
휘어져 캄캄한 생애가 풀어지고,
지나온 길을 말아 쥔
안개의 씨앗들이
노랑 어리연꽃 잎마다
차가운 눈물을 채워 주었습니다.

저 투명한 속죄.

물수제비를 떠가는
수생의 돌처럼
사는 일은
이렇게 떫은 엄살이지만
나도 초록을 풀어
남루한 생의 뒤란
그늘 내린 우물에 내려
수런수런
노랑 어리연꽃을 피우고 싶었습니다.

구월

꽃에게도 말 걸지 못했다
가는 여름에게도 아무 말 하지 못했다
흘러가는 눈물 앞에서도 서 있지 못했다
가을이 일어나는 바람 앞에서도
아무 말 하지 못했다
그리고
느리게
침묵으로 떠나가는 그대에게
사랑해
라고 말하지 못했다

오늘은 아무것도 제대로 살지 못했다.

제3부

입춘

산안개는 제 살을 떼어 내어
은사시에 접 붙습니다.
도려낸 눈마다
간질간질 안개의 새살이 돋고
가려움을 차고 오르는
순은의 은어 떼.

봄도 오기 전
발정한 산안개가
먼저 산 하나를
끌어안고 올라갑니다.

부소산성에서 치미鴟尾를 만나다

사비로 가는 길
그 바로 앞이 가을이었다.
몇 번이나 다시 읽은 책이었다.

속울음이 터진 자리에
허망하게 빠져나간
먹먹한 왕조가 적혀 있었다.
천 년의 지붕 위로
가장 먼 곳의 새들이 하늘을 들고
사랑은
그렇게 아슴한 빛을 들어주는 거라고
고요한 여백을 펴 보였다.

새들이 날아간 마악 그곳,
용마루
푸른 달빛은
새들의 울음을 닦아 주고
그림자가 영혼이 되는

처음이고 끝인 그 처마 위를 어룽거렸다.

오래된 잎들은 내려와 시간을 쌓고
닫혔으나 열린 치미鴟尾,
간절한 천상으로 향하여
그렇게 깊은 것만
속절없이 그리운
아무것도 꿈꾸지 못한
부소,
첫사랑 같은 그 솔숲 근처였다.

불회사佛會寺 12월

12월 불회사에 가 보았는지요.

찬 그늘마다
한 생애 일제히 쓸리는
아픈 겨울 잎 보았는지요.

전나무 키 높이만큼
한 채의 슬픔을 키워
바람 쓸리는 길 돌아보면
내 눈에 지고 있는
무성한 꿈,
혹은 당신이었을까.

사는 일이 헐거울 때
때로 물고기처럼
침묵하는 것이라며
푸른 날개 다 벗어
내 영혼 속에

툭툭
떨어지던 겨울새 보았는지요.

모든 지상의 그리움이 합장하여
아름다운 비밀로 자라는
소라 같은 산문山門,
바람도 나와 함께 아는 듯
풍경이 성찰이 되고
어둠마저 사랑 되어
문득
아픔 없이도 내가 나를 버릴 수 있는
멀미 같은 사랑아.

살아 퍼덕이는 시간과
이른 보랏빛 비자나무 새움 사이로
튼실한 석장승의 사내 하나 슬고 싶어
산문 밖 따라와 끝마다 저리던
목어의 눈빛

먼 산마루

아스라한 나무의 수평선 너머

한지 빛 다저녁,

더 넓어지기 위해

더 버려야 한다는 전나무들의 설레는 12월이

내 빈 손에 부서지는

겨울 불회사에 가 보았는지요.

섬진강길

별만큼 무성한 벚꽃 아래서
시린 꽃잎 한 장 받아
손톱으로 가만히 눌러 봅니다.
강물보다 깊은 길이 생기고
길 따라 그리운 눈물도 납니다.

그대가 눌러 놓은 손톱자국 따라
꽃잎보다 더 아픈
내 영혼 속에
깊디깊은 길 하나 생겼습니다.

섬진강 2월

가파른 현의 소리만
때죽나무 묵은 몸을 털어 낼 때
섬진강
2월에 가 보라.

바람은 바람에 얽힌 채
싸납쟁이 봄
그 앙칼진 손톱 사이로
시린 칼날의 강물이
무리 진 들풀의
무성한 잔뿌리를 키워 내고
풀린 물떼새
여린 속날개를 간지럽히는 것을.

너무 오래 살아서
온몸에서
썩은 내가 날 때
뒤척이는

섬진강 2월에 가 보라.

독한 봄
그 서슬 퍼런 눈빛 사이로
두터운 바람을 가늘게 하고
사람들의 영혼을 젖게 하는 것을.

배롱나무, 고서에서 울다

네 벗은 몸을 만지자
너는 가만 몸을 떨었다.

하얀 무릎 사이
비밀보다
더 은밀한 현기증이
비탈처럼 쏟아졌다.

심장에서 가장 먼 곳부터
입술이 파르르 열릴 때
아,
침이 마르는 소리

내 혀가 닿자
타 버릴 듯
웅크리며 뜨거워지던 눈물.

울어라

너를 버릴 줄 알면

빈 몸으로도

사랑은 단단해지리.

하여

반쯤은 떨림으로

반쯤은 안타까움으로

투명하여 뜨거운

그 붉은 울음을

네 시린 무릎에 쌓을 일이다.

물푸레나무, 시월 오기 전

태평양처럼 누워 있었다.
밀물과 썰물로
교차하는 초록이
거친 숨을 들고 나곤 했다.

여름, 참 많이 앓았다.

바이러스가
척추 5번을 관통했다.
수포마다 상처들이 층을 이루고
파문처럼 통증이 밀려와
허물어지는 굴곡의 빛으로도
선명한 원을 그려 주었다.

눈물이란 그런 것이다.
파문을 일으키는 물낯같이 더러는
중심에서 번져 가는
글썽임 같은 것이다.

내 몸에 긋는 이 순례 속에
봉인되지 않는 적요가
켜켜이 들어와 앉을 때마다
한 겹
또 하나 격정의 숨을 새기기 위한
소금 같은 간절함,
더 절망에 들고 싶었다.

이제 다시 시월이 오는 중이다.
당신이 오는 중이다.
우리는 어느 슬픔에 내려와
이 모진 그리움을 서로의 발목에 부리게 될까

늘 첫 시월이었고
다만
당신이 나의 슬픔이어서 하냥 기뻤다.

시월, 예순

기억을 자르면 눈물이 된다.
한 잎 두 잎
눈물을 보태어
가을볕에 내놓으면
아픈 청춘이 더 슬퍼졌다.

내가 보낸
텔레파시가
무심히 되돌아오고
깨어나면 잠들 수가 없었다.

떨어지는 꿈,
더러는
날개 없이도 날다가 추락하는 거였다.
쓸쓸함을 심장으로 산다.
이미 흘러가 버린 것들을
봉합하는 일은
습관보다 더 비참했다.

멀리 갔다 돌아오는
그 길목마다
한때의 하얀 손들이 펄럭여 주곤 했다.
다만
그리운 것들은
멸망하지 않고
돌아돌아
단단한 옹이가 되어 주었다.

굴곡과 부침을 다독이며
격정과 적요를 만지며
그래
너무 오래 살았으나
다시 처음이다.

음 시월, 우포늪에서

안개의 시원이
유혹처럼 번지고 있었다.
그때
오래된 푸른 바람이 생겨나기도 했다.

빛으로
아픈 음 시월,
그리움 하나 가라앉으면
울컥
또 하나의 설렘이 생겨서
먼 길을 돌아 돌아와
당신의 마음이 든 자리마다
다시 아픈 가을일 때,
통째로 적막마저 빠져 누운 그늘에 서서
물억새의 흰 손을 모아
당신의 감꽃 귀에 부어 주면
후우우
맑은 묵언이 수액처럼 젖었다.

허공 한 촉을 물고
초록의 긴 탯줄을 끌고 가는 새 떼
그림자의 무게만큼 비운 채
노랑어리연에 앉기도 하여
오래된 적막이
순간 물안개고
순간 가을이었다.

숨 멎은 호흡,
격정을 풀어낸 뒤
우두커니
당신이 보내온 가쁜 숨이거나
푸른 허파가 보내온 낮고 깊은 입술이었다.
당신의 고요를 향해 가는 고요
그동안 너무 많은 헛것 앞에 있었다.
이제 겨우 헛것에서 돌아와
다시 푸른 헛것으로 그립다.

세상에!

참혹하게 쓸쓸하면

그니까

참혹하게 순해지는 법이다.

순천만 갈대숲

순천만 갈대숲
눈 내리것다.

눈물은 깊어 둑방길에 닿지 못하고
탈진한 생애
치솟는 눈보라 끝에
간간한 내 이별
아프것다.

갈대숲은
낮은 바람이 풀어놓은
안개의 혼이거나
썰물의 울음이다.

빠져나오려 애쓰면
무장무장 깊어지는
일몰의 발목.
몸속의 어둠은 줄지 않고

부려야 할
그리움만 넘친 채
목젖까지 차오르는
무성한 이별아.

상처가 낫는 것도 서러운
푸른 눈발마다
바람에 꽂혀 잠복하는
도요새의 울음.
입을 틀어막고 우는
갈대숲 바람에
서걱서걱 사랑이 밟히고
도요새의 먼 길만이
갈대 속 빈 길을 내고 있는.

순천만 갈대숲에 가면
쓰디쓴 이별에
적빈의 몸으로 서로를 비벼

온전히 그대의 혼을 안아도
우리들 사랑은
눈발보다 아프지만

순천만 갈대숲
눈보라 속에는
도요새의 회갈색
눈물 같은 알만 남아
애틋한 우리 사랑이
실핏줄을 그으며
일어서고 있것다.

폭설, 그 꿈

며칠은 눈이 내렸고
더 며칠은 눈이 그쳤다.

음울의 숫자를 떼어 내면서도
절망에도 익숙하지 못한 채
바랜 부고처럼 사소하게 낡아 갔다.

은사시나무가 숲을 이룬
어디든
무릎 꿇을 곳 하나 없었지만
비탈의 굽은 길마다
하얀 경적이 숨어서
떠나온 허물을 메꾸어 주었다.

닿지 못할 폭설의 섬으로 가는
꿈,
희미한 것들만 움직여
내 몸의 쪽문을 열고 들고나고

차운 폐허로 가는 눈발 속에
간간한 그리움을 내려놓으면

안개를 쥔 은사시나무들이
몰려갔다.
몰려왔다.

그 안개

자망자망 꿈속
격렬비열도를 삼키던
격정과 간절한 현기증으로
먹먹하여 눈을 뜨면
허술하고 비릿한 세상도
눈부신 한 꽃이 되어 주었다.

겨울을 이름 하는 일

흰 꽃잎이겠지
소금기 간간한 눈발 날리는
이 계절에는 다른 명명이 필요할 것이야.

세상의 모든 작별을 위해
무던히 눈발을 날려도
아니
꽃잎을 지워도
지상은 여전히
데지 않을 만큼의 열을 가진 탓이야.
세상의 무성한 쓸쓸함을 위해
무형한 바람을 날려도
아니

문신처럼 지워지지 않을
상처를 내려도
지상은 여전히
흰 꿈을 가진 탓이야.

그대의 입술에 내 입술을 포개도
숨은 더디고
모두가 떠나간 뒤
허우룩 길을 가다
모호한 이승의 어느 모퉁이에서
문득
마법처럼
온기의 발목을 기다려도
돌아보고 돌아보며

사랑이란
음울한 기습을 허락하거나
참혹한 결핍을 내어 주는 일일 터.

더딘 진화일지라도
다시 태어날 꽃 문을 들여다보면
여전히 아득하게 수평에 닿지 못하지만
이 간간한 계절의 꽃잎 하나가

쿨럭

빈 어깨를 덮어 줄 일이야.

변산 앞바다에 버린 것

버린 것이 눈부시게
반짝일 때가 있습니다.

사람들은 오래된 가을을 버리고
반짝이는 수평선 하나씩을
가슴에 퍼 올립니다.
버려진 계절은 세상 밖에서
또 하나의 수평선이 됩니다.
사람들은 무엇을 버리러 바다에 와
나이를 잊은 채,
누구의 파도가 되어
누구의 일몰이 되어
쉽게 시든 꽃과 그 꽃에 대한 그리움과
오래된 몇 뿌리의 기침과
헐렁한 삶의 발목을
가만가만 내려놓는 것일까.

바다는 무위가 되어

엎드려 바람의 길을 내고
파도는 파도대로 바람은 바람대로
서러이 떠나는 것을.
빈손을 펴면 파도의 무늬가
가리비처럼 손금에 앉고
하얀 강벽이 저 수평선을 타고 내려와
중절된 영혼을 훑고 가는 것을.

돌아오는 밤길,
사람들은 가슴에
그믐 같은 수평선을 품고
창마다 낯선 자신의 얼굴을 달고
버려진 것들보다 더 침묵합니다.
더러는 나이 들수록
바다가 아프고,
더러는 손금에 오른 파도의 무늬와
그 운명과 생태를
헐거운 영혼에 새로이 지지면서.

세상을 따고 누우니
천장에 펴진 수평선에는
변산 앞바다 노란 고래 한 마리
거기까지 따라와
반짝이고 있습니다.

강江

강은 곧지 않고 굽어 흘러도
굽은 힘으로 바다에 닿습니다.
굽은 강벽 훑고 가는
저 에두른 부끄럼이
야윈 손등을 깨도
바다의 긴 머리카락을 풀어냅니다.

나도 그대의 머리카락에
내 에두른 눈빛 하나를
돌아돌아 가만히 흘리겠습니다.

망해사

김해 만경 들판 지나 서해 고군산 열도를 향해 가면
바다에서 갓 건져 낸 소라 같은 절이 있습니다.

낮은 키로 흘러 내 안이 깊어지고 있을 때,
기우는 섬의 뿌리마다 안개를 품지 않은 자가 누가 있
을까마는 영혼이 안개에 잘려,
비어 있는 작은 그대의 귀가 있습니다.

저 해송 사이 바람의 현은 소리마다 파도의 씨앗을 슬어
꽃잎처럼 퍼지기에는 지난 시간을 더 오래 견뎌야 하리.

영혼만이 영혼을 여는 바다의 푸른 발굽에 채여
그대는 낙과처럼 침묵하고
아득한 개망초
밤하늘 끝에 닿아 밤별로 뿌려지기에는
멈춘 시간이 더 오랜 시간을 낳아야 하리.

밀물과 썰물이 하나여서 모든 물살마다 그대가 자라고,

일몰이 여는 보랏빛 사랑 몇 뿌리

출렁이며 바다의 울음까지 삭혀

소리의 다리를 건너와

아스라한 그리움이 또한 수평선을 부를 때,

나는 지상에 없고 그대의 작은 귀마저 잃습니다.

제4부

그믐달

푸른 능소화 한 잎 진다.
그 허리를 안고 멀리 달아나고 싶었다.
간절함은 늘 빠른 걸음으로
비켜간다.
툭,
그만큼 멀어지는 생애.

창

가슴에 창을 낼 것.
심장과 허파 사이
강물 빛 한지를 걸고
노을처럼 그대가 물들기를.

가슴에 창을 낼 것.
빛깔 드는 다저녁
온 세상이 닫혀도
그대의 무늬
뉘엿뉘엿 저물도록
가슴에 지창을 낼 것.

목련꽃

씨앗 같은 사람 몰래 숨겨두고
억지 맺어 준 혼례전에
읍읍읍 입 틀어막고
검은 눈물 하염없던
그믐 같은 뒤란 그늘
저 부신 신부 좀 보게.

화석 같은 은가락지 다 던지고
토방 문지방에 흰 발목 걸려도
면사포 둘러쓴 채
무슨 외국 영화처럼
혼례마당 박차고 나가
대폭발하여 터지고 터지는
활화산 같은 숨 가쁜 내 신부 좀 보게.

퇴원

때로는 물이 처방이 됩니다
때로는 바람도 처방이 됩니다.

탈 대로 다 타 버린 야윈 뿌리의 흰 손으로
팽팽한 수맥의 푸른 가슴을 풀어 보십시오.
낫 끝에 상처가 생겨 가지에 눈물 물고
눈물의 밖을 보기도 하십시오.
가끔은 애써 물들인 그리움의 잎들을
시린 바람에 날려도 보십시오.

폭설 내리는 날
그믐 같은 무게로
저린 잔가지 몇을 꺾이어도 보십시오.
이랑 벗어난 날푸른 보습에 온몸이 터져
생피를 쿨럭 흘려도 보십시오.

때로는 눈물도 처방이 됩니다.
때로는 쓸쓸함도 처방이 됩니다.

나는 의사의 처방대로

온몸이 트고 갈라진 굴참나무의 영혼으로

바람에 하염없이 날리었습니다.

신발장에는

신발장에는
이미 갔던 길이 가지런히 쌓여 있습니다.
젊은 구직을 위해 이력서를 걸었고
때로는 목숨까지 걸었던
IMF의 상처 난 길도 있고,
여덟 살 큰아이 손잡고 시위하던
무등 아래 금남로
피 같은 길도 있고,
가난한 새마을 시절
황달 든 젊은 어머니 묻고 오던
함평군 손불면 싸리꽃 산길도 있습니다.

신발장에는
아직 가지 않은 길이 환하게 뻗어 있습니다.
살아 보지 못한 시간들
그리움으로 길을 내어
심장까지 차오르고
큰놈 장가가는 눈길,

운주사 와불이 일어섰다는 화순길이,
당신과 내가
억새 같은 흰 백발로
서로 닮아 닳아진 그윽한 눈빛의 길이,
나 세상에 없어도
통일된 백두산 가는 길이
저 신발장에
한밤에도 환하게 뻗어 있습니다.

순리

느리게 걸으면
사건보다 앞에 서 있을 수 있을 거라 생각했지만
사고는 늘 뒤통수를 쳤어.
달에 가기 위해 걷는 훈련을 했는데
줄기세포로 연골재생 수술을 해야 했어.
초승달의 경사를 올라채기 위한 훈련을 했지만
달이 사라지고 없었어.
3개월을 일했는데
3개월 월급이 나오지 않았어.
최저임금이 얼만지 아니
무슨 일이든 불안한 상상으로 시작했어.
따뜻한 총알 한 방이면
코로나는 사라지게 되어 있지만
영혼의 거리 두기를 생각하니
살기가 엄청 편해졌어.

장사익

하얀 찔레꽃 향기 숨은
헐렁한 세상 한 평 짊어진 채
흰 모시 광목 흰 나비 신고
희망 한 단 팔러 나간
눈시울도 일몰이 된
고로쇠나무.

우리 모두 잔을 비우세유!

떨켜마다 마른 물기
개미처럼 쓸쓸쓸
사람이 그리운 한 세상,
단물을 젖 삼아
나무의 나무로
저 고로쇠나무
새 세상 되어 하얗게 춤추니
천 번째 와불이 일어난다.

변신

열정은 불온하다 때로
광기와 반역의 피를 빨아서.
늑골 어두운 곳마다
검은 까마귀가
깃털을 떨구며 솟아오른다.
그때
가뭄처럼 타는 폐허마다
그리움이라 포장된
막막한 길이 생겨난다.
바람으로 얘기할까
눈물로 시늉할까
사막이 별이 되는 화해는
비어 있는 저 빛에게도 꿈을 매단다.
무형한 빛들은 꿈의 틈 밖으로 나와
배반한 어둠을 베어 물기도 하고
가끔은 낙타가 되어 모래를 털기도 하고
씨앗이 되어 단단한 불을 켠다.

살아온 만큼
닳아진 깃털을 달고
불온한 열정 밖으로
또 다른 까마귀 떼가 탈주하는 것을 본다.

해체론

엇그제 변산 노을 송수권 선생이
뉘엿뉘엿 다 저녁처럼
자네 세상을 더 잘게 썰어 보게 하시길래,

돌아오는 길,
섬진강 그늘진 매듭을 허물고,
형체 벗긴 심장의 진물을
선암사 산문 넝쿨 장미로 부수고,
신선한 꿈의 골격을
동자승 여윈 등 뒤 박새 떼로 흩뿌리고,
구례역 질긴 울음을 해부하여
화사한 절망 뒤에 오는 시간의 박동까지
칼을 대어 보았습니다.

분해하면 조립의 길이 보이던 소총처럼
칼끝에서 일어나는 모든 근원의 포자가
우물의 공명처럼 걸어 나와
한 소리가

다른 소리를 불러 주었습니다.

해체는 새로운 생애의 한 통로를 여는
끈질긴 추적이 되고,
사소한 시간의 마디가
눈부신 뿌리로 자라는 이정표가 됩니다.

허물어져 떠나는 길이 가장 깊고 아름다운 줄 알겠습
니다

지상에서 가장 이쁜 별 희서에게

언제부턴가
초록별인 이 지구에
꽃향기 가득하다.

언제부턴가
허우룩한 생의 너덜겅에도
두근거리는 설렘이 생겼다.

언제부턴가
자망자망
물안개 피어오르는
푸른 사랑이 생겨났다.

그때
아름다운 별에서 온 천사
지상에서 가장 이쁜 별
희서,
네가 태어났다.

이제
첫 걸음
스스로 깊고
스스로 낮게
이쁘고 총명하게
건강하고 당당하게
이 초록별에서 더 거룩하게 살 일이다.
더 아름답게 사랑하며 살 일이다.
지상의 모든 손을 모아 축하한다.

오래오래
사랑한다.

나무마다 눈부신 날개가 있다

수맥의 눈부신 물빛을
나무는 그리움의 젖내로 밀어 올린다.

젖이 불은 우듬지마다
그대 향한 가쁜 숨을 달아 주고
그 젖내는 후두둑
연둣빛 날개였을 터.

간신히 세상의 숲을 향해
조금은 넘치게
조금은 비운 채.

그대의 속눈썹보다 더 진한 그늘에
햇귀의 맨살마다 씨줄 날줄의 꿈을 빚어
행여 아픈 영혼을 날리면,
저 번져 오는 사랑
날아오르는 그리움.

날마다 투명한 눈빛을 묻고
날마다 울렁이는 심장을 심어
더러는 번져 숲을 채우고
더러는 날아 세상을 이루어,
우리들은 바다를 예감하고

살아오는 현기증까지 전망하여
바다보다 더 먼 바다까지
하늘보다 더 깊은 하늘까지
이렇듯 사랑은 자망자망 번지는 일.

무성한 우리들,
시린 꿈의 모든 날개가 가려워
서툰 날갯짓으로도
푸른 그리움 되고 물빛 사랑되어
한없이 한없이 푸르를 것을.

디셈버, 모든 작별에게

오래된 일기장을 펴니
죽은 나방이
기묘한 압화 한 장을 토한다.
그 시절
슬프도록 야무진 길 위에 나는 서 있었다.
외롭고 쓸쓸하고 안타까워
내 평생은 늘
지중해까지 닿는
황홀하고 찬란한 일몰 근처였다.
뭘 해도 참혹하게 억울하지만
황홀한 시절이었다.
영원히 호릴 것 같은
그대의 다디단 포획물이었고
숨 하나까지
심장 하나까지 그대였고
오롯이 그대였다.

이제 죽은 나방처럼

버리고 불꽃 먼 곳에 닿고 싶다.
기억이 있는 곳은 아프다.
입을 틀어막고 우는 기억의 속울음 탓이다
아픈 곳에
자꾸 발목이 걸려 넘어진다.
모든 길은 죄다 굽어 있고
길의 가장자리에서도
생은 안개처럼 아득하여
돌아보면 뒤가 보이지 않았다.

그대 소식이 내게 올 수 없는
더 먼 곳에 서 있고 싶다.
무덤 속에도 내가 없기를 바란다.
나무들도 나무마다
다른 계절을 건넌다.
과목나무에서 가을 잎이라 여긴 잎들이
새 떼가 되어
검은 그물처럼 날아오르는 풍경 앞이었다.

다만 새 살의 흉터처럼

견딘다는 것은

아무것도 버리지 못한다는 것,

세상 모든 상처가

문이 된다는 것을 이제야 허술하게 깨닫지만

또한 여전히 내 남은 숨에 들고날 테지만

그래도

그래도

디셈버

희고 짧은 탄성으로

슬픈 오래도록 그대여,

움직이지 마.

더는 움직이지 마.

다시 꽃발 딛고 살기로 한다.

세상의 모든 빛은 검은빛으로 간다

다아 안고
다아 보듬어서
세상의 모든 빛은 검은빛으로 간다.

쌍계사 벚꽃에 가 보라
오래된 독경을
어제는
열반 먹은 노승이 불러 주고
오늘은
연둣빛의 동자승이 들려주고

묵은 적멸을 꿈꾸어
저
온몸에 울퉁불퉁
먹물 빛으로 간절하여
투둑,
투둑,
검은 탈각으로

분홍의 꽃들을 깨무는
화개
2월.

얼굴이 검은 나는
젊은 어머니가
마흔을 못 넘기고
이승을 건너간
이유에 맞고,

이끼 먹어 검은
쌍계사 석문은
해탈의 검은빛을 적셔
쌍계에
발목을 적시는
이유에 맞다.

점점

더 오래

맑게 살아가는

쌍계의 벚꽃들은

이미 길고 깊은 심연에서

검은빛을 꺼내는

맑은 간통 하나로

세상을 건너는 것을.

그대라는 물감을 마시다

새들은
초록 없이도 풍경을 닮아 갑니다
그들의 방식으로
여름이 되거나
가을이 됩니다

가늠할 수 없는 세상의 모든 생애가
비상하다가 추락합니다.
누구든지 안타깝고
누구든지 간절하여
지나온 발목들이
버석거리지 않는 곳이 없습니다.

초록을 다 쓰고
보랏빛 물감을 풀어
그대라는 이름을
마십니다.

곧

새가 되어

보랏빛 풍경 하나를 이룰 것입니다.

수국 그리는 아침

형태는 기능에 앞서는 일이다.
뭉크는 볼을 쪼그라뜨린 형상으로
불안을 뱉어 냈다.
스님은
꽃잎 많은 불두화 앞에서
번뇌를 세고 있다.
그림자가 남는 일은
간절함이 닿는 일이다.
한 잎 한 잎
수국이 완성되기 전에
꽃그늘만으로도
해탈이 번져 온다.

| 해설 |

형상기억언어를 통한 사랑의 재현

황정산 시인·문학평론가

1. 들어가며

영국의 낭만주의 시인 윌리엄 워즈워드는 "시는 감정의 유로"라고 설명했다. 감정이 자연스럽게 흘러넘쳐 그것이 말로 표현되면 바로 시가 된다는 것이다. 그런데 이 자연스럽게 흘러넘쳐 나오는 말들은 대개 사랑의 감정을 담고 있는 경우가 많다. 그것은 사랑의 감정이 인간에게 있어서 가장 근본적이며 자연스러운 감정이기 때문이다.

그런 이유로 예로부터 수많은 시들이 그리고 노래들이 사랑에 대해 얘기해 왔다. 지금도 어디선가 누군가는 사랑의 시를 쓰고 사랑의 노래를 부르고 사랑의 말을 속삭

이고 있다. 그렇게 많은 사랑 노래, 사랑의 시, 사랑의 이
야기가 만들어져 왔지만 아직도 그것이 또 만들어지고 있
는 이유는 무엇일까? 사랑은 다 다른 모습을 하고 있기
때문이다. 사랑은 추상화될 수 없는 것이다. 사랑이라는
감정은 사람마다 또 사랑하는 대상마다 천차만별이기 때
문이다. 사랑은 오직 인간의 육신과 그 육신의 구체적인
반응으로 느껴지는 정서적 경험이다. 그러므로 '사랑'이
라는 추상적인 단어로 표현하기는 하지만 우리 모두는 다
서로 다른 각자의 사랑을 경험할 뿐이다. 사랑의 시를 우
리가 계속 쓸 수밖에 없는 이유가 바로 여기에 있다.

수없이 반복되어 말해지는 이 사랑의 언어들은 사실 다
같은 것은 아니다. 누가 어떤 방식으로 또 무엇을 말하느
냐에 따라 그것의 빛깔과 농도는 다 다른 것이다. 사실 세
상에는 이 사랑의 말만큼이나 많은 종류의 사랑이 있고
그만큼 그것들은 다 나름의 존재 이유를 가진 진정한 것
이다. 사랑을 다룬 노래나 시가 오늘도 누군가에 의해 쓰
여 지고 있는 이유가 바로 이것이다.

이승범 시인의 이번 시집은 전체가 사랑의 기록이라 해
도 과언은 아니다. 그는 사랑의 언어를 다룰 줄 아는 시인
이다. 이승범 시인은 그만의 언어를 통해 일상의 모든 디
테일들에서 사랑의 흔적을 추적하고 있다. 그런데 그 기

억 속의 사랑들이 모두 구체적인 형상을 가지고 우리 앞에 나타나 우리의 감각을 일깨우고 잊힌 사랑을 떠올리게 해 준다. 바로 여기에 이승범 시인의 시적 특징이 놓여 있고, 또한 바로 이 점에서 그의 시가 그 흔한 감상적 사랑 타령과는 분명히 다른 차원을 가지고 있음을 알게 된다. 좀 더 자세히 살펴보자.

2. 기억의 환기로서의 사랑

이승범 시인의 시들 중에는 우리가 미처 보지 못하는 것, 숨겨져 보이지 않는 것, 일상의 삶 속에서 우리가 놓치고 있는 것들을 시인의 예리한 눈을 통해 들춰내 보여 주는 시들이 많다.

감꽃 속에는
그대의 귀가 숨어 있다
그대를 부르는 작은 귀가 숨어 있다
웅크리고 앉아
세상의 환한 꿈을 듣는다.

감꽃처럼

웅크리고 귀 기울이면
그대 꿈을 들을 수 있을까

씨방에서 나간 흰 감꽃이
꿈을 부르듯
내 몸의 빛깔이
그대를 부를 수 있을까.

―「감꽃」 전문

　시인은 작은 감꽃에서 누군가의 귀를 본다. 물론 감꽃이 귀를 닮았기 때문이기는 하다. 시인은 귀를 닮은 감꽃을 보면서 자신이 그리워하는 그 누군가를 떠올린다. 아름답고 화려한 꽃을 보면서 누군가를 떠올리는 것이 아니라 작고 소박한 그래서 크게 눈에 띄지 않는 감꽃을 보면서 시인은 누군가를 부르고 누군가와 대화할 수 있는 소통의 수단을 갈망하고 있다. 시인의 섬세한 감각과 개성이 돋보이는 부분이다. 아무튼 시인은 그것을 통해 그가 그리워하고 사랑하는 존재에 대해 다가가고자 한다. "감꽃처럼/웅크리고 귀 기울이"는 노력을 통해 "그대 꿈을 들을 수 있"는 사랑을 실천하고자 한다. 시 쓰기가 시인

130

에게는 바로 그 실천이다.

이승범 시인에게 시 쓰기는 기억하기로 시작된다.

오래된 것에는 귀신이 산다.

오래된 빗자루가

마당 귀퉁이에서

귀신으로 파랗게 돌아오는 데

걸리는 시간은 한 생이다.

닳고 닳은

손때에서 시간들이

윤을 빚어낸다.

피카소의 마지막 물감 주문서는

권총 자살한 핏빛이었다.

신들의 피부색은 파랗다.

푸른빛이

영혼에 닿는다는 믿음을 경전으로 한다.

이미 죽은 몸을

입체로 그려 내려면

두 개의 각이 있어야 하고

그 각 사이로 빛이

새어 들어와야

완전한 귀신을 완성할 수가 있다.

그제야 비로소

꿈틀

숨이 들어찬다.

시간이 영혼이다.

- 「세룰리안 블루」 전문

    시인은 피카소가 마지막 물감 주문서에 넣었다는, 신비로운 파스텔톤의 파란색인 세룰리안 블루에서 오래 축적된 시간을 본다. 신들의 파란 피부색을 닮은 이 색에는 영혼이 들어 있다고 시인은 느낀다. 오래 된 것들이 영혼을 가지고 다시 되살아날 때 바로 이 색깔을 가지고 돌아온다고 시인은 생각한다.

    그런데 왜 오래된 것에 귀신이 살까? 거기에는 기억이 있기 때문이다. 오래된 집에서 봤다고 얘기되는 귀신이나 유령들은 사실 그 집에 얽힌 기억할 만한 사건들과 관련

되어 있는 것이 이를 잘 말해 준다. 시인이 "시간이 영혼이다."라고 한 것은 바로 그것을 말한다. 피카소가 각을 세워 입체를 만들고 "완전한 귀신을 완성할 수" 있듯이 시인은 이 기억들에 언어의 색을 입혀 "꿈틀/숨이 들어" 차게 만드는 사람이다.

그런데 시인은 왜 기억을 되살려 시간의 영혼을 불러내려 할까?

신발장에는

아직 가지 않은 길이 환하게 뻗어 있습니다.

살아 보지 못한 시간들

그리움으로 길을 내어

심장까지 차오르고

큰놈 장가가는 눈길,

운주사 와불이 일어섰다는 화순길이,

당신과 내가

억새 같은 흰 백발로

서로 닮아 닮아진 그윽한 눈빛의 길이,

나 세상에 없어도

통일된 백두산 가는 길이

저 신발장에

한밤에도 환하게 뻗어 있습니다.

- 「신발장에는」 부분

신발장은 기억의 창고이다. 신발을 신고 다녔던 인생의 역정이 거기 고스란히 전시되어 있기 때문이다. 그런데 그 인생의 험난하기도 하고 행복하기도 한 도정에서 신발에 남아 새겨져 있는 것은 사람과 사람 사이를 이어 주는 사랑이다. 시인은 그것을 "그리움으로 길을 내어/심장까지 차오르고"라고 하여 벅찬 감정으로 표현하고 있다. 그리고 그 그리움이 가족들에 대한 사랑을 실천하는 일이기도 하고 "통일된 백두산 가는 길"을 여는 사회적 연대로까지 확대되리라고 시인은 믿고 있다. 기억이 남아 있다는 것은 나의 삶의 궤적과 그리고 그 안에서 마주친 나 아닌 다른 존재와의 유대와 사랑의 흔적이 지워지지 않았다는 것을 의미한다. 시인은 신발장을 보며 그것을 확인하고 그 사랑과 그리움이 다시 삶의 희망으로 전환되리라 믿는다. 신발장에 "한밤에도 환하게" 길이 뻗어 있다고 느끼는 것이 바로 그것을 말해 준다.

다음 시 역시 이러한 기억의 힘을 보여 주고 있다.

기억을 걸으면

거기

상처를 도려낸 푸른 열매들이 뒹굴곤 했다.

다시 시작할 수 있을까.

단단해지는 것은 그런 것일까.

서늘한 등을 바라보며

확실하게 지나간 것들에 기대어

물렁물렁한 먹밤의 어둠을 더듬기 시작했다.

그 주름진 뿌리를 열기 위해

순한 초록을 오래 걸어 두었다.

– 「너, 호두나무에게」 부분

   시인은 단단한 호두나무를 바라보면서 희미해져 가는 기억이 삶의 새로운 힘으로 생생하게 다시 되살아나기를 바라고 있다. 기억을 더듬어 과거의 상처를 돌아보는 것은 "물렁한 먹밤의 어둠을 더듬"는 방황과 모색이지만 이는 "주름진 뿌리를 열"고 "순한 초록을 오래 걸어 두"는 생명의 실천을 통해 단단한 열매를 얻는 과정의 시작이라는 것이 시인의 생각이다. 이렇듯 기억은 우리의 삶에 생명의 힘을 불어넣고 그 과정에서 만난 다른 존재들과의 사랑을 확인하고 실천하는 근본 동인이고 또한 그 결과물이기도 하다.

기억한다는 것은 인간에게 너무도 중요한 일이다. 기억을 가진 한에서 우리는 스스로의 정체성을 확인하게 된다. 지금 여기의 내가 나인 이유는 내가 경험한 기억들이 있기 때문이다. 사회의 일원으로서 또는 가족의 한 사람으로서 아니면 누군가의 연인으로서의 나는 그들과의 관계 속에서 경험한 기억들이 있기 때문에 나를 증명할 수 있다. 사랑에 대해서도 마찬가지이다. 누군가와의 사랑은 이 기억으로 존재한다. 기억되는 것이므로 사랑이기도 하지만 사랑이므로 기억되는 것이다.

3. 기억과 형상

앞서 기억과 사랑에 대해 얘기했다. 하지만 기억은 항상 불안정한 것이다. 기억은 사라지기도 하고 잘못된 것으로 남아 있기도 하고 또 같은 경험을 하고도 사람에 따라 서로 다른 기억을 갖고 있기도 하다. 기억이 붙들고 있는 형상은 시간에 따라 희미해져 가기 때문이다. 시인은 그것을 다음과 같이 안타깝게 표현하고 있다.

　　푸른 능소화 한 잎 진다.
　　그 허리를 안고 멀리 달아나고 싶었다.

136

간절함은 늘 빠른 걸음으로

비켜간다.

툭,

그만큼 멀어지는 생애.

－「그믐달」 전문

능소화 한 잎 떨어지는 것을 보고 시인은 그 아름다움을 오래 간직하고 싶어 한다. "그 허리를 안고 멀리 달아나고 싶"다는 말이 바로 그것이다. 하지만 그 간절함은 항상 빠른 걸음으로 우리를 앞서간다. 가는 시간을 피할 수 없기 때문이다. 그래서 우리의 삶의 순간도 그 생생한 기쁨의 경험도 항상 우리를 떠나 희미하게 멀어진다.

어쩌면 시를 쓴다는 것은 우리에게서 멀어져 점점 희미해지는 삶의 기억들을 붙잡아두려는 처절한 노력이다. 그런데 기억을 붙잡는다는 것은 단순한 한 순간 한 사건을 기록으로 남긴다는 것과는 다른 일이다. 그것은 역사와 문학의 차이이기도 하다. 기록이 아닌 기억이 되기 위해서는 그 기억 속의 경험이 생생한 구체적 감각으로 우리 몸에 다시 느껴져야 한다. 그래야 독자들 역시 그것을 추체험할 수 있게 되는 것이다. 언어를 통해 이러한 체험을 가능하게 위해서는 그 언어가 형상을 구축해야 한다.

강은 곧지 않고 굽어 흘러도
굽은 힘으로 바다에 닿습니다.
굽은 강벽 훑고 가는
저 에두른 부끄럼이
야윈 손등을 깨도
바다의 긴 머리카락을 풀어냅니다.

나도 그대의 머리카락에
내 에두른 눈빛 하나를
돌아돌아 가만히 흘리겠습니다.

– 「강(江)」 전문

　시인은 강을 통해 그대를 향한 사랑과 그리움을 표현하고 있다. 한 사람이 다른 한 사람을 사랑하고 그리워하는 것은 그 순간에는 너무도 절실한 정서적 체험이었을 것이다. 하지만 시간이 지나면 그 기억은 '사랑'이나 '그리움'이라는 다소 상투적인 추상적 어휘로만 남게 된다. 그 순간의 경험의 구체성을 회복하기 위해서는 그 기억을 감각적으로 재현할 형상을 이루어야 한다. 시인은 "굽은 강벽 훑고 가는" 강물의 형상을 빌어 사랑과 그리움을 감각적으로 재현해 내고 있다. 사랑했던 사람의 아름다운 머리카락과 그 머리카락을 만졌던 자신의 부끄러운 손의 감각 등을 강물의 흐름으로 비유하여 우리에게 느낌으로 전달해 주고 있다.

다음 시는 좀 더 생생한 감각적 구체성을 보여 준다.

새들은
초록 없이도 풍경을 닮아 갑니다
그들의 방식으로
여름이 되거나
가을이 됩니다

가늠할 수 없는 세상의 모든 생애가
비상하다가 추락합니다.
누구든지 안타깝고
누구든지 간절하여
지나온 발목들이
버석거리지 않는 곳이 없습니다.

초록을 다 쓰고
보랏빛 물감을 풀어

그대라는 이름을

마십니다.

곧

새가 되어

보랏빛 풍경 하나를 이룰 것입니다.

– 「그대라는 물감을 마시다」 전문

　세월의 흐름과 그 안에서 느끼는 사랑의 감정을 이렇게 아름답게 표현한 시를 최근에 와서 본 적이 별로 없다. 전통적인 서정시들이 점차 드물어져 가는 것 때문이기도 하지만 많은 사랑시들이 그 상투성을 버리지 못하기 때문이기도 하다. 이승범의 시들은 이런 상투성과는 거리가 멀다. 바로 이 시가 이승범 시인의 이런 장점을 아주 잘 대변해 준다. 시인은 계절의 변화와 시간의 흐름을 색깔이라는 감각적 도구를 통해 그려 보여 준다. 그 시간의 흐름 속에서 사랑의 기억을 잃지 않으려는 노력을 "그대라는 이름을/마십니다"라고 하여 그것을 통해 스스로 풍경 속의 한 색깔을 이루는 존재가 되기를 소망하고 있다. 그래서 소중한 사랑의 기억이 자신의 머릿속에 선명한 이미지를 가진 하나의 풍경화로 남아 있을 수 있다고 생각한다.

이렇듯 이 시는 사랑에 감각적 구체성을 부여하여 그것을 느꼈던 그 순간의 기억을 우리에게 그대로 전달해 줌으로써 삶의 한 계기에서 사랑이 가진 중요한 의미를 다시 생각하게 해 준다.

이승범 시인의 시들에서 가끔 그리는 일이 등장하는 것도 이와 무관하지 않다. 그린다는 것은 형상을 재현하는 일이고, 그것은 기억을 삶의 풍경 속에서 생생하게 되살리는 일이고, 우리의 감각과 정서를 상투적인 일상 속에서 다시 일깨우는 일이다.

　　신세계 문화센터 수채화반
　　녹슨 풍로를 그린다.

　　산화된 철의 몸에서
　　간절한 그리움을 낚는 일.

　　한때 사원 불씨에게
　　뜨거운 숨을 부어
　　선홍빛 세상을
　　꿈꾸던 영혼.
　　낡고 망가진

오래된 빈 몸에서
아직도 꿈틀대는
불의 욕정.

투둑,
투둑,
제 살점을 서서히 무너뜨리며
산화될수록 더욱 뜨거워지던 몸.

나는 녹슨 풍로 앞에서
자꾸 뜨거운 불꽃만 그리고 있다.

간절한 것은 저렇게
뉘엿뉘엿
닮아 가는 것이리라.

― 「녹슨 풍로를 그리다」 전문

시인은 문화센터 수채화반에서 녹슨 풍로를 그리고 있
다. 하지만 시인은 그림 그리는 일이 이 풍로를 그대로 재
현하는 것에 그치는 것이 아니라 "불의 욕정"을 그리는
것이라고 말한다. 왜냐하면 그것은 자칫 잊고 지내기 쉬

운 "간절한 그리움을 낚는 일"이기 때문이다. 시인은 그리는 행위를 통해 사물을 재현하지만 그것은 또한 그 형상을 통해 사랑과 그리움의 절실함을 다시 환기하는 일이기도 하다. 물론 시 쓰기도 이와 다르지 않을 것이다.

4. 맺으며

형상기억합금이 있다. 모양을 기억했다 변형이 되어서도 다시 원형으로 복구되는 그런 성질을 가진 금속을 말한다. 영화 〈터미네이터2〉에서 등장하는 T-1000이라는 로봇이 바로 이 가상의 금속으로 제작된 것이라는 설정은 너무도 유명하다. 현실에서는 아직 이러한 기술이 완벽하게 구현되고 있지는 않다고 한다. 그러나 언어를 통해 과거의 경험을 기억하고 생생하게 형상화할 수 있다. 이승범의 시가 바로 그것을 잘 보여 준다.

  붉은 먼 곳을 두고 온 뒤
  아픈 꽃마다 너였다.

                    – 「장미 後」 전문

이 시가 이승범 시인의 시 세계를 아주 상징적으로 잘

보여 준다. 장미의 형상을 통해 시인은 세월 속에서 잊히거나 잃어버린 기억 속의 사랑을 다시 불러낸다. 그것이 아픔인 것은 세월이 항상 "먼 곳"으로 사랑의 존재를 떠밀기 때문이다. 이 시집의 시들은 바로 그것에 저항하여 사랑을 회복하려는 지난한 노력의 과정이다. 이 시의 본문을 시집 제목으로 삼은 것은 결코 우연이 아닐 것이다.

　사랑을 이야기하고 노래한다는 것은 자칫 진부한 일이 되기 쉽다. 너무도 많은 사람들이 그것을 해 왔기 때문이다. 하지만 그것은 그만큼 사랑이 우리의 삶을 지배하고 있다는 것을 말해 주고 있는 것이기도 하다. 중요한 것은 그 흔한 사랑을 얼마나 진지하게 그리고 생동감 있게 자신의 언어로 표현할 수 있느냐이다. 그럴 때만이 사랑의 노래는 진부함과 상투성을 벗고 그 절실함을 획득하게 된다. 이승범 시인의 시들이 바로 그것을 잘 보여 준다. 그의 시들은 사랑을 노래하지만 상투적이고 감상적인 사랑 타령에 머물지 않고, 함축적 언어의 간결한 표현을 통해 그 사랑의 형상을 경험의 구체성으로 재현해 보여 준다. 그래서 그 사랑의 의미와 그것이 불러일으키는 절실한 정서를 다시 한 번 우리에게 환기시킨다. 감히 말하자면, 이승범 시인의 시들은 지금 시대 우리가 만날 수 있는 전통적인 서정시의 최정상에 있다고 할 수 있겠다.

144